Una luz en la noche

Papa francisco

Una luz en la noche

Meditaciones sobre la virtud humilde

Paulinas

Para los textos citados del magisterio de la Iglesia y de los documentos de los pontífices © Libreria Editrice Vaticana, Città del Vaticano.

Traducción: Equipo Paulinas.
Imagen de cubierta: Jeremy Bishop.
Diseño de cubierta: Alba Cosío Velasco.

© PAULINAS 2024
Carril del Conde, 62 - 28043 Madrid
Tel.: 91 721 89 84 - Fax: 91 759 02 04
E-mail: editorial@paulinas.es
www.paulinas.es

© Dicastero per la Comunicazione – Libreria Editrice Vaticana

ISBN: 978-84-19408-43-3
Depósito Legal: M-24111-2024

Impreso en Gar.Vi. 28970 Humanes (Madrid)
Printed in Spain. Impreso en España

Nota del editor

El tema de la esperanza, que el Papa Francisco muchas veces ha considerado, incluso ha sido objeto de una amplia catequesis, ofrece la ocasión para reflexionar sobre lo que él llama virtud humilde, la más pequeña, pero fundamental.

Esta breve antología, que toma como punto de partida un poema de Charles Péguy, comienza con una meditación sobre la Navidad y el pesebre para luego detenerse sobre la apatía tan temida por los monjes, sobre una nueva versión del episodio de la caja de Pandora, sobre la impotencia de los ídolos y la ineficacia de los falsos adivinos.

La esperanza cristiana es algo más y se alimenta con la oración y las elecciones diarias, con el ejemplo de María bajo la cruz, con la fuerza de los santos y mártires. Porque cultivar la esperanza significa no rendirse a la noche, no conformarse con las palabras de consuelo, preferir la primavera al otoño –como dice poéticamente el Papa– y hacer nuevas todas las cosas.

La virtud «menor»

El poeta francés Charles Péguy, al comienzo de su poema sobre la esperanza, habla de las tres virtudes teologales –fe, esperanza y caridad– como tres hermanas que caminan juntas:

> «La pequeña esperanza avanza entre sus dos hermanas mayores y no se la toma en cuenta. [...] Ella, esa pequeña, arrastra todo. Porque la Fe no ve sino lo que es. Y ella ve lo que será. La Caridad no ama sino lo que es. Y ella ama lo que será. [...] Y en realidad es ella la que hace andar a las otras dos. Y las arrastra. Y hace andar a todo el mundo»[1].

También yo estoy convencido de este carácter humilde, «menor», pero fundamental de la esperanza. Pensemos: ¿cómo podríamos vivir sin esperanza? ¿Cómo serían nuestros días? La esperanza es la sal de la cotidianidad.

---

[1] Ch. Péguy, El pórtico del misterio de la segunda virtud, Madrid 1991, 21-23

¿Mi corazón es
un cajón abierto?

Cuando hablamos de esperanza, a menudo nos referimos a lo que no está en poder del hombre y a lo que no es visible. De hecho, lo que esperamos está más allá de nuestras fuerzas y nuestra visión. Pero el Nacimiento de Cristo, inaugurando la redención, nos habla de una esperanza diferente, confiable, visible y comprensible, porque está fundada en Dios. Él entra en el mundo y nos da la fuerza para caminar con Él: Dios camina con nosotros en Jesús y caminar con Él hacia la plenitud de la vida nos da la fuerza para permanecer en el presente de una manera nueva, aunque sea agotador.

Esperar, pues, para el cristiano significa la certeza de estar en camino con Cristo hacia el Padre que nos espera. La esperanza nunca está quieta, la esperanza siempre está en movimiento y nos hace caminar. Esta esperanza, que nos da el Niño de Belén, ofrece una meta, un buen destino para el presente, salvación para la humanidad, bienaventuranza para quien se encomienda al Dios misericordioso.

San Pablo resume todo esto con la expresión: «En esperanza fuimos salvos» (Rom 8,24). Es decir, caminando en este mundo, con esperanza, estamos salvados. Y aquí podemos hacernos la pregunta, cada uno de nosotros: ¿camino con esperanza o mi vida interior está parada, cerrada? ¿Es mi corazón un cajón cerrado o es un cajón abierto a la esperanza que me hace no caminar solo, sino con Jesús?

El pesebre transmite esperanza

En los hogares cristianos, durante el tiempo de Adviento, se prepara el belén, según la tradición que se remonta a san Francisco de Asís. En su sencillez, el belén transmite esperanza; cada uno de los personajes está inmerso en esta atmósfera de esperanza.

En primer lugar, destacamos el lugar donde nació Jesús: *Belén*. Pequeño pueblo de Judea donde mil años antes nació David, el pastorcillo elegido por Dios como rey de Israel. Belén no es una capital, y por eso es preferida por la divina providencia, que ama actuar a través de los pequeños y humildes. En ese lugar nace el tan esperado «hijo de David», Jesús, en quien se encuentran la esperanza de Dios y la esperanza del hombre.

Luego miramos a María, Madre de la esperanza. Con su «sí» abrió a Dios la puerta de nuestro mundo: su corazón de niña estaba lleno de esperanza, enteramente animado por la fe; y así Dios la escogió y ella creyó en su palabra.

Ella, que durante nueve meses fue arca de la nueva y eterna Alianza, contempla al Niño en la cueva y ve en Él el amor de Dios, que viene a salvar a su pueblo y a toda la humanidad.

Junto a María está *José*, descendiente de Jesé y David; él también creyó las palabras del ángel, y mirando a Jesús en el pesebre, medita que ese Niño viene del Espíritu Santo, y que Dios mismo le ordenó llamarlo así, «Jesús». En ese nombre hay esperanza para todo hombre, porque a través de ese hijo de mujer, Dios salvará a la humanidad de la muerte y del pecado. ¡Por eso es importante mirar el belén!

Y en el belén están también *los pastores*, que representan a los humildes y pobres que esperaban al Mesías, el «consuelo de Israel» (Lc 2,25) y la «redención de Jerusalén» (Lc 2,38). En ese Niño ven el cumplimiento de las promesas y esperan que finalmente llegue a cada uno de ellos la salvación de Dios. Quienes confían en sus propias seguridades, especialmente las materiales, no esperan la salvación de Dios. Metamos esto en nuestra cabeza: nuestras seguridades no nos salvarán; la única seguridad que nos salva es la de la esperanza en Dios. Él nos salva porque es fuerte y nos hace caminar por la vida con alegría, con ganas de hacer el bien, con ganas de ser felices para la eternidad. Los pequeños, los pastores, en cambio, confían en Dios, esperan en Él y se alegran cuando reconocen en ese Niño la señal indicada por los ángeles (cf. Lc 2,12).

Y es precisamente *el coro de ángeles* el que anuncia desde lo alto el gran plan que aquel Niño realiza: «Gloria a Dios en las alturas del cielo, y en la tierra paz a los hombres a quienes ama» (Lc 2,14). La esperanza cristiana se expresa en alabanza y acción de gracias a Dios, que ha inaugurado su Reino de amor, de justicia y de paz.

Demonios del mediodía

La esperanza no es una virtud para personas con el estómago lleno. Por eso, *los pobres siempre han sido los primeros portadores de esperanza*. Y en este sentido podemos decir que los pobres, incluso los mendigos, son los protagonistas de la Historia. Para entrar al mundo, Dios los necesitaba: José y María, los pastores de Belén. En la noche de la primera Navidad había un mundo que dormía, descansando en muchas certezas adquiridas. Pero los humildes preparaban en secreto la revolución del bien. Eran pobres en todo, algunos flotaban apenas por encima del umbral de la supervivencia, pero eran ricos en el bien más preciado que existe en el mundo, es decir, el deseo de cambio.

A veces, haberlo tenido todo en la vida es una lástima. Pensemos en un joven al que no se le ha enseñado la virtud de la espera y la paciencia, que no ha tenido que sudar por nada, que ha seguido adelante y a los veinte años «ya sabe cómo funciona el mundo»; ha sido destinado a la peor sentencia: la de no querer más nada.

Esta es la peor condena. Cerrando la puerta a los deseos, a los sueños. Parece un joven, pero el otoño ya ha caído sobre su corazón. Son los jóvenes del otoño.

Tener el alma vacía es el peor obstáculo para la esperanza. Es un riesgo del que nadie puede decir que está excluido; porque la tentación contra la esperanza puede ocurrir incluso siguiendo el camino de la vida cristiana. Los monjes de la antigüedad habían denunciado a uno de los peores enemigos del fervor. Eso decían: ese «demonio del mediodía» que desgasta una vida de compromiso, así como el sol arde en lo alto. Esta tentación nos sorprende cuando menos lo esperamos: los días se vuelven monótonos y aburridos, y ningún valor parece merecer el esfuerzo. Esta actitud se llama *acedia* y erosiona la vida desde dentro hasta dejarla como un cascarón vacío.

Cuando esto sucede, el cristiano sabe que esa condición debe ser combatida, nunca aceptada pasivamente. Dios nos creó para el gozo y la felicidad, y no para hundirnos en pensamientos melancólicos.

La caja de Pandora

La esperanza tiene sus enemigos: como todo bien en este mundo, tiene sus enemigos.

Y me viene a la mente el antiguo mito de la caja de Pandora: la apertura de la caja desencadena muchos desastres para la historia del mundo. Pocos, sin embargo, recuerdan la última parte de la historia, que abre un rayo de luz: después de que todos los males han salido de dentro de la caja, un pequeño regalo parece vengarse de todo ese mal que se esconde desenfrenado. Pandora, la mujer que tenía la custodia de la caja, lo ve al final: los griegos la llaman *elpìs*, que significa *esperanza*.

Este mito nos dice por qué la esperanza es tan importante para la humanidad. No es cierto que «mientras hay vida hay esperanza», como dicen. Más bien es todo lo contrario: es la esperanza la que mantiene viva la vida, la que la protege, la custodia y la hace crecer. Si los hombres no hubieran cultivado la esperanza, si no se hubieran sostenido en esta virtud, nunca habrían salido de las cavernas y no habrían dejado huella en la historia del mundo. Es lo más divino que puede existir en el corazón del hombre.

Un poeta francés –Charles Péguy– nos dejó maravillosas páginas sobre la esperanza . Dice poéticamente que a Dios no le sorprende tanto la fe de los seres humanos, ni su caridad; pero lo que realmente le llena de asombro y emoción es la esperanza de la gente: «Que esos pobres niños –escribe– vean cómo van las cosas y crean que mañana por la mañana será mejor». La imagen del poeta recuerda los rostros de muchas personas que han pasado por este mundo –campesinos, trabajadores pobres, inmigrantes en busca de un futuro mejor– que han luchado tenazmente a pesar de la amargura de un hoy difícil, lleno de pruebas, animado, pero desde la confianza de que los hijos tendrían una vida más justa y pacífica. Lucharon por sus hijos, lucharon con esperanza.

La esperanza es el impulso en el corazón de quien parte, dejando su hogar, su tierra, a veces familiares y parientes –pienso en los inmigrantes–, para buscar una vida mejor y más digna para ellos y sus seres queridos. Y es también *el impulso en el corazón de quien acoge*: el deseo de encontrarse, de conocerse, de dialogar (...). La esperanza es el impulso de «compartir el camino», porque el camino se hace en dos: los que vienen a nuestra tierra, y nosotros que vamos hacia sus corazones, para entenderlos, para entender su cultura, su lengua.

La impotencia de los ídolos

Esperar es una necesidad humana primaria: esperar el futuro, creer en la vida, el llamado «pensamiento positivo». Pero es importante que esta esperanza esté puesta en aquello que realmente puede ayudarnos a vivir y dar sentido a nuestra existencia. Por eso, la Sagrada Escritura nos advierte contra las *falsas esperanzas* que el mundo nos presenta, desenmascarando su inutilidad y mostrando su insensatez. Y lo hace de diversas maneras, pero sobre todo denunciando la falsedad de los *ídolos* en los que el hombre se ve continuamente tentado a depositar su confianza, convirtiéndolos en objeto de su esperanza.

En particular, los profetas y los sabios insisten en esto, tocando un punto crucial en el camino de fe del creyente. Porque la fe es confiar en Dios –quien tiene fe, confía en Dios– pero llega el momento en que, chocando con las dificultades de la vida, el hombre experimenta la fragilidad de esa confianza y siente la necesidad de certezas diferentes, de certezas tangibles, concretas. Confío en Dios, pero la situación es un poco mala y necesito un poco más de certeza concreta. ¡Y ahí está el peligro! Y luego nos sentimos tentados a buscar consuelos incluso efímeros, que parecen llenar el vacío de la soledad y aliviar la fatiga de creer. Y creemos que podemos encontrarlos en la seguridad que el dinero puede brindar, en las alianzas con los poderosos, en la mundanidad, en las falsas ideologías.

A veces los buscamos en un dios que pueda plegarse a nuestras peticiones e intervenir mágicamente para cambiar la realidad y dejarla como queremos; un ídolo, de hecho, que como tal no puede hacer nada, impotente y engañoso.

Los falsos videntes

Una vez, en Buenos Aires, tuve que caminar de una iglesia a otra, mil metros, más o menos. Y lo hice, caminando. Y hay un parque en el medio, y en el parque había mesas pequeñas, pero muchas, muchas, donde estaban sentados los videntes. Estaba lleno de gente, que también hacía cola. Tu le dabas la mano y él empezaba, pero la historia siempre era la misma: hay una mujer en tu vida, hay una sombra que viene, pero todo irá bien (...). Y después, pagabas.

¿Y esto te da confianza? Es la seguridad de una –permítanme la palabra– de una estupidez. Dirigirse al vidente o la vidente que lee las cartas: ¡este es un ídolo! Este es el ídolo, y cuando estamos tan apegados a él compramos falsas esperanzas. Aunque a veces no confiamos tanto en la esperanza de generosidad que Jesucristo nos trajo, entregando gratuitamente su vida por nosotros.

Un Salmo lleno de sabiduría nos pinta de manera muy sugerente la falsedad de estos ídolos que el mundo ofrece a nuestra esperanza y en los que los hombres de todos los tiempos se ven tentados a confiar. Se trata del Salmo 115, que dice lo siguiente:

> «Sus ídolos son plata y oro,
> obra de manos humanas.
> Tienen boca y no hablan,
> tienen ojos y no ven,
> tienen oídos y no oyen,
> tienen narices y no huelen.
> Sus manos no tocan,
> sus pies no caminan;
> ¡ningún sonido sale de sus gargantas!
> ¡Quien los hace
> y quien confía en ellos
> se vuelve como ellos!».
>
> (vv. 4-8)

El salmista nos presenta, de forma un tanto irónica, la realidad absolutamente efímera de estos ídolos. Y debemos entender que no se trata solo de representaciones hechas de metal u otros materiales, sino también de aquellas construidas con nuestra mente, cuando confiamos en realidades limitadas que transformamos en absolutas, o cuando reducimos a Dios a nuestros esquemas e ideas de divinidad; un dios que se parece a nosotros, comprensible, predecible, como los ídolos mencionados en el Salmo. El hombre, imagen de Dios, crea un dios a su propia imagen, y es también una imagen fallida: no siente, no actúa y, sobre todo, no puede hablar.

Alimentar la esperanza con la oración y las elecciones diarias

Cuando la chispa de la esperanza se ha encendido en nosotros, a veces corremos el riesgo de que sea sofocada por las preocupaciones, los miedos y las tareas de la vida diaria. Pero una chispa necesita aire para seguir brillando y revivir en un gran fuego de esperanza. Y es la dulce brisa del Espíritu Santo la que alimenta la esperanza. Podemos colaborar para alimentarlo de diferentes maneras.

La esperanza se alimenta de la oración. Orando preservamos y renovamos la esperanza. Orando mantenemos viva la chispa de la esperanza. (...). Orar es como subir a una gran altura: cuando estamos en el suelo, muchas veces no podemos ver el sol porque el cielo está cubierto de nubes. Pero si nos elevamos por encima de las nubes, la luz y el calor del sol nos rodean; y en esta experiencia encontramos la certeza de que el sol siempre está presente, incluso cuando todo parece gris.

Queridos jóvenes, cuando las espesas nieblas del miedo, de la duda y de la opresión os rodeen y ya no podáis ver el sol, tomad el camino de la oración. Porque «si ya nadie me escucha, Dios todavía me escucha». Tomémonos un tiempo cada día para descansar en Dios ante las inquietudes que nos asaltan: «Solo en Dios reposa mi alma: en él mi esperanza» (Sal 62,6).

La esperanza se alimenta de nuestras decisiones diarias. La invitación a regocijarse en la esperanza, que san Pablo dirige a los cristianos de Roma (cf. Rom 12,12), exige opciones muy concretas en la vida cotidiana. Por eso les insto a que elijan un estilo de vida basado en la esperanza. Déjame ponerte un ejemplo: en las *redes sociales* parece más fácil compartir malas noticias que esperanzadoras. Por eso os hago una propuesta concreta: intentad compartir cada día una palabra de esperanza. Conviértete en sembrador de esperanza en la vida de tus amigos y de todos los que te rodean.

Madre de la esperanza

María pasó más de una noche en su camino como madre. Desde su primera aparición en la historia de los Evangelios, su figura destaca como si se tratara de un personaje de un drama. No fue fácil responder con un «sí» a la invitación del ángel: sin embargo, ella, una mujer todavía en la flor de la juventud, respondió con valentía, a pesar de no saber nada del destino que le esperaba. En ese momento María se nos aparece como una de las tantas madres de nuestro mundo, valiente hasta el extremo a la hora de acoger en su seno la historia del nacimiento de un nuevo hombre.

Ese «sí» es el primer paso de una larga lista de obediencias –¡larga lista de obediencias!– que acompañará su camino como madre. Así, María aparece en los Evangelios como una mujer silenciosa, que muchas veces no comprende todo lo que sucede a su alrededor, pero que medita cada palabra y cada acontecimiento en su corazón.

En esta disposición hay un hermoso fragmento a la psicología de María: ella no es una mujer que se deprime ante las incertidumbres de la vida, especialmente cuando nada parece ir bien. Ni siquiera es una mujer que protesta violentamente, que despotrica contra el destino de la vida que a menudo nos revela un rostro hostil. Más bien, es una mujer que escucha: no olvidéis que siempre hay una gran relación entre esperanza y escucha, y María es una mujer que escucha. María acoge la existencia tal como se nos da, con sus días felices, pero también con sus tragedias que nunca quisiéramos haber encontrado. Hasta la noche suprema de María, cuando su Hijo es clavado en el madero de la cruz.

Hasta ese día, María casi había desaparecido de la trama de los evangelios: los escritores sagrados sugieren este lento eclipse de su presencia, su silencio ante el misterio de un Hijo que obedece al Padre. Sin embargo, María reaparece en el momento crucial: cuando la mayoría de sus amigos han desaparecido por miedo. Las madres no traicionan, y en ese momento, al pie de la cruz, ninguno de nosotros puede decir cuál fue la pasión más cruel: si la de un hombre inocente que muere en el patíbulo de la cruz, o la agonía de una madre que acompaña los últimos momentos de la vida de su hijo.

Ella «estaba»

Los evangelios son lacónicos, y extremadamente discretos. Reflejan con un simple verbo la presencia de la Madre: Ella «estaba» (junto a la cruz), Ella estaba. Nada dicen de su reacción: si llorase, si no llorase (...) nada; ni siquiera una pincelada para describir su dolor: sobre estos detalles se habría aventurado la imaginación de poetas y pintores regalándonos imágenes que han entrado en la historia del arte y de la literatura. Pero los Evangelios solo dicen: Ella «estaba». Estaba allí, en el peor momento, en el momento más cruel, y sufría con el hijo. «Estaba».

María «estaba», simplemente estaba allí. Ahí está de nuevo la joven mujer de Nazaret, ya con los cabellos grises por el pasar de los años, todavía con un Dios que debe ser solo abrazado, y con una vida que ha llegado al umbral de la oscuridad más intensa. María «estaba» en la oscuridad más intensa, pero «estaba». No se fue. María está allí, fielmente presente, cada vez que hay que tener una vela encendida en un lugar de bruma y de nieblas.

Ni siquiera Ella conoce el destino de resurrección que su Hijo estaba abriendo para todos nosotros, hombres: está allí por fidelidad al plan de Dios del cual se ha proclamado sierva en el primer día de su vocación, pero también a causa de su instinto de madre que simplemente sufre, cada vez que hay un hijo que atraviesa una pasión. Los sufrimientos de las madres: ¡todos nosotros hemos conocido mujeres fuertes, que han afrontado muchos sufrimientos de los hijos!

La volveremos a encontrar en el primer día de la Iglesia, Ella, madre de esperanza, en medio de esa comunidad de discípulos tan frágiles: uno había renegado, muchos habían huido, todos habían tenido miedo (cf. He 1,14). Pero Ella simplemente estaba allí, de la manera más normal, como si fuera una cosa completamente normal: en la primera Iglesia envuelta por la luz de la Resurrección, pero también de los temblores de los primeros pasos que debía dar en el mundo.

«Con esta poesía despierto la esperanza»

En la tradición cristiana del Triduo pascual, el Sábado Santo es el día de la esperanza. Entre el Viernes Santo y el Domingo de Resurrección, es como un punto intermedio entre la desesperación de los discípulos y su alegría pascual. Es el lugar donde nace la esperanza. Ese día, la Iglesia conmemora en silencio el descenso de Cristo a los infiernos. Lo podemos ver representado de forma pictórica en muchos iconos, que nos muestran a Cristo resplandeciente de luz bajando a las tinieblas más profundas y atravesándolas.

Y es así: Dios no se queda a mirar con compasión nuestras zonas de muerte o a llamarnos desde lejos, sino que entra en nuestras experiencias de infierno como una luz que brilla en las tinieblas y las vence (cf. Jn 1,5). Lo expresa bien un poema en lengua *Xhosa* sudafricana: «Aunque ya no haya esperanzas, con esta poesía despierto la esperanza. Mi esperanza se despierta porque espero en el Señor. ¡Espero que nos unamos! Manténganse fuertes en la esperanza, porque la victoria está cerca».

Si lo pensamos bien, esta era la esperanza de la Virgen María, que se mantuvo fuerte junto a la cruz de Jesús, segura de que la «victoria» estaba cerca. María es la mujer de la esperanza, la Madre de la esperanza. En el Calvario, «esperando contra toda esperanza» (Rm 4,18), no dejó que se desvaneciera en su corazón la certeza de la Resurrección anunciada por su Hijo. Fue Ella quien llenó el silencio del Sábado Santo con una espera amorosa y llena de esperanza, infundiendo en los discípulos la convicción de que Jesús vencería a la muerte y que el mal no tendría la última palabra.

La esperanza cristiana no es un fácil optimismo, ni un placebo para incautos. Es la certeza, arraigada en el amor y la fe, de que Dios no nos deja nunca solos y mantiene su promesa: «Aunque cruce por oscuras oscuros valles, no temeré ningún mal, porque tú estás conmigo» (Sal 23,4). La esperanza cristiana no es negación del dolor y de la muerte, sino celebración del amor de Cristo Resucitado que está siempre con nosotros, aun cuando nos parezca lejano. «Cristo mismo es para nosotros la gran luz de esperanza y de guía en nuestra noche, porque Él es "la estrella radiante de la mañana"» (Ap 22,16).

No rendirse a la noche

No te rindas a la noche: recuerda que el primer enemigo a derrotar no está fuera de ti: está dentro. Por lo tanto, no concedas espacio a los pensamientos amargos, oscuros. Este mundo es el primer milagro que Dios hizo y Dios ha puesto en nuestras manos la gracia de nuevos prodigios. La fe y la esperanza avanzan juntas. Cree en la existencia de las verdades más altas y más hermosas. Confía en Dios creador, en el Espíritu Santo que mueve todo hacia el bien, en el abrazo de Cristo que espera a cada hombre al final de su existencia; cree, Él te espera. El mundo camina gracias a la mirada de muchos hombres que han abierto brechas, que han construido puentes, que han soñado y creído; incluso cuando a su alrededor escuchaban palabras de burla.

No pienses nunca que tu lucha aquí abajo es del todo inútil. Al final de la existencia no nos espera el naufragio: en nosotros palpita una semilla absoluta. Dios no defrauda: si ha puesto una esperanza en nuestros corazones, no quiere destruirla con frustraciones continuas. Todo nace para florecer en una eterna primavera. Dios también nos hizo para florecer. Recuerdo ese diálogo cuando el roble pidió al almendro: «Háblame de Dios». Y el almendro floreció.

Donde quiera que estés, ¡construye! Si estás en el suelo, ¡levántate! Nunca te quedes caído, levántate, deja que te ayuden a levantarte. Si estás sentado, ¡ponte en camino! Si el aburrimiento te paraliza, ¡ahuyéntalo con buenas obras! Si te sientes vacío o desmoralizado, pide que el Espíritu Santo llene de nuevo tu nada.

Obra la paz en medio de los hombres, y no escuches la voz de quien esparce odio y divisiones. No escuches esas voces. Los seres humanos, por muy diferentes que sean unos de otros, han sido creados para vivir juntos. Ante los contrastes, paciencia: un día descubrirás que cada uno es depositario de un trozo de verdad.

Ama a las personas. Ámalas una a una. Respeta el camino de todos, sea lineal o dificultoso, porque cada uno tiene su propia historia que contar. Cada uno de nosotros tiene su propia historia que contar. Cada niño que nace es la promesa de una vida que una vez más demuestra ser más fuerte que la muerte. Todo amor que surge es un poder de transformación que anhela la felicidad.

El móvil y la linterna

A veces, salís de noche con vuestros amigos y, si está oscuro, encendéis la linterna del *smartphone* para alumbrar. En los grandes conciertos, miles de vosotros movéis estas luminarias modernas al ritmo de la música, creando una escena sugestiva. De noche, la luz permite ver las cosas de manera nueva; incluso en la oscuridad emerge una dimensión de belleza. Lo mismo sucede con la luz de la esperanza, que es Cristo. Por Él, por su resurrección, nuestra vida es iluminada. Con Él vemos todo bajo una nueva luz.

Se dice que cuando la gente se acercaba a san Juan Pablo II para hablarle de un problema, su primera pregunta era: «¿Cómo aparece a la luz de la fe?». Una mirada iluminada por la esperanza también hace que las cosas se vean con una luz diferente. Os invito, pues, a tener esta mirada en vuestra vida diaria. Animado por la esperanza divina, el cristiano está lleno de una alegría distinta, que le sale de dentro. Hay y habrá siempre retos y dificultades, pero si tenemos una esperanza «llena de fe», los afrontamos sabiendo que no tienen la última palabra, y nosotros mismos nos convertimos en una pequeña antorcha de esperanza para los demás.

Cada uno de vosotros puede serlo también, en la medida en que su fe se haga concreta, apegada a la realidad y a las historias de los hermanos y las hermanas. Pensemos en los discípulos de Jesús, que un día, en un monte elevado, lo vieron resplandecer con luz gloriosa. Si se hubieran quedado ahí arriba, habría sido un momento hermoso para ellos, pero los demás habrían sido excluidos. Era necesario que bajaran. No debemos huir del mundo, sino amar a nuestro tiempo, en el que Dios nos ha puesto no sin razón. Solo podemos ser felices compartiendo con los hermanos y hermanas la gracia recibida, que el Señor nos regala día tras día.

Queridos jóvenes, no tengáis miedo de compartir con todos la esperanza y la alegría de Cristo Resucitado. La chispa que se ha encendido en vosotros, cuidadla, pero al mismo tiempo donadla: os daréis cuenta de que crecerá. No podemos guardar la esperanza cristiana solo para nosotros mismos, como un bonito sentimiento, porque está destinada a todos. Acercaos en particular a aquellos de sus amigos que aparentemente sonríen, pero que por dentro lloran, pobres de esperanza. No os dejéis contagiar por la indiferencia y el individualismo. Permaneced abiertos, como canales por los que la esperanza de Cristo pueda fluir y difundirse en los ambientes donde vivís.

Raquel no quiere
que la consuelen

Hoy querría contemplar con vosotros una figura de mujer que nos habla de la esperanza vivida en el llanto. La esperanza vivida en el llanto. Se trata de Raquel, la esposa de Jacob y madre de José y Benjamín, quien, como nos narra el Libro del Génesis, muere dando a la luz a su segundo hijo, Benjamín. El profeta Jeremías (Jer 31,15) hace referencia a Raquel dirigiéndose a los Israelitas exiliados para consolarles, con palabras llenas de emoción y de poesía; es decir, toma el llanto de Raquel, pero da esperanza:

> Así dice el Señor:
> «Un grito se ha oído en Ramá,
> un lamento, llanto amargo:
> es Raquel, que llora a sus hijos,
> y no quiere consolarse de sus hijos
> porque ya no existen» (Jer 31,15).

En estos versículos, Jeremías presenta a esta mujer de su pueblo, la gran matriarca de su tribu, en una realidad de dolor y llanto, pero junto a una perspectiva de vida impensada. Raquel, que en la narración del Génesis murió dando a luz y había asumido esa muerte para que el hijo pudiera vivir, ahora, sin embargo, representada por el profeta como viva en Ramá, allí donde se reunían los deportados, llora por los hijos que en un cierto sentido han muerto yendo al exilio; hijos que, como ella misma dice, «no existen», han desaparecido para siempre.

Y por esto Raquel no quiere ser consolada. Este rechazo suyo expresa la profundidad de su dolor y la amargura de su llanto. Ante la tragedia de la pérdida de los hijos, una madre no puede aceptar palabras o gestos de consolación, que son siempre inadecuados, nunca capaces de mitigar el dolor de una herida que no puede y no quiere ser curada. Un dolor proporcional al amor.

Cada madre sabe todo esto; y, hoy también, son muchas las madres que lloran, que no se resignan a la pérdida de un hijo, inconsolables ante una muerte imposible de aceptar. Raquel encierra en sí el dolor de todas las madres del mundo, de todos los tiempos, y las lágrimas de todo ser humano que llora pérdidas irreparables.

Este rechazo de Raquel que no quiere ser consolada nos enseña además cuánta delicadeza se requiere ante el dolor ajeno. Para hablar de esperanza a quien está desesperado, es necesario compartir su desesperación; para secar una lágrima del rostro de quien sufre, es necesario unir al suyo nuestro llanto. Solo así nuestras palabras pueden ser realmente capaces de dar un poco de esperanza.

La vida es bella

La juventud es un tiempo lleno de esperanzas y sueños, alimentado por las hermosas realidades que enriquecen nuestras vidas: el esplendor de la creación, las relaciones con nuestros seres queridos y los amigos, las experiencias artísticas y culturales, los conocimientos científicos y técnicos, las iniciativas que promueven la paz, la justicia y la fraternidad, y así sucesivamente.

Sin embargo, vivimos en una época en la que, para muchos, incluidos los jóvenes, la esperanza parece ser la gran ausente. Muchos de vuestros coetáneos que, lamentablemente, viven experiencias de guerra, violencia, acoso escolar y otros tipos de dificultades se ven afligidos por la desesperación, el miedo y la depresión. Se sienten como encerrados en una prisión oscura, incapaces de ver los rayos del sol. Esto queda dramáticamente demostrado por el alto número de suicidios entre los jóvenes en varios países.

En un contexto así, ¿cómo se puede experimentar la alegría y la esperanza de las que habla san Pablo? Más bien se corre el riesgo de que se apodere de uno la desesperación, el pensamiento de que es inútil hacer el bien, porque no sería apreciado ni reconocido por nadie, como leemos en el libro de Job: «¿Dónde está entonces mi esperanza? Y mi felicidad, ¿quién la verá?» (Jb 17,15).

Frente a los dramas de la humanidad, sobre todo ante el sufrimiento de los inocentes, también nosotros, como rezamos en algunos salmos, le preguntamos al Señor: «¿Por qué?». Pues bien, nosotros podemos ser parte de la respuesta de Dios. Creados por Él a su imagen y semejanza, podemos ser expresión de su amor, que hace nacer la alegría y la esperanza, incluso allí donde parece imposible.

Me viene a la mente el protagonista de la película *La vida es bella*, un joven padre que, con delicadeza e imaginación, consigue convertir la dura realidad en una especie de aventura y de juego, dando así a su hijo «ojos de esperanza», protegiéndolo de los horrores del campo de concentración, defendiendo su inocencia e impidiendo que la maldad humana le robe el futuro. Pero no se trata de historias inventadas. Es lo que vemos en la vida de tantos santos, que han sido testigos de esperanza incluso en medio de la más cruel perversidad humana. Pensemos en san Maximiliano María Kolbe, en santa Josefina Bakhita, o en los beatos cónyuges Józef y Wiktoria Ulma con sus siete hijos.

Los santos, testigos
y compañeros de esperanza

El día de nuestro Bautismo resonó para nosotros la invocación de los santos. Muchos de nosotros en aquel momento éramos niños, llevados en los brazos de los padres. Poco antes de cumplir la unción con el óleo de los catecúmenos, símbolo de la fuerza de Dios en la lucha contra el mal, el sacerdote invitó a la entera asamblea a rezar por quienes estaban a punto de recibir el Bautismo, invocando la intercesión de los santos. Aquella era la primera vez en la cual, a lo largo de la vida, nos era regalada esta compañía de hermanos y hermanas «mayores» –los santos– que pasaron por nuestra misma calle, que conocieron nuestras fatigas y viven para siempre en el abrazo de Dios. La Carta a los Hebreos define esta compañía que nos rodea con la expresión «gran nube de testigos» (12,1). Así son los santos: una multitud de testigos.

Los cristianos, en el combatir el mal, no se desesperan. El cristianismo cultiva una incurable confianza: no cree que las fuerzas negativas y disgregantes puedan prevalecer. La última palabra sobre la historia del hombre no es el odio, no es la muerte, no es la guerra. En todo momento de la vida nos ayuda la mano de Dios, y también la discreta presencia de todos los creyentes que «nos han precedido con el signo de la fe» (*Canon Romano*). Su existencia dice ante todo que la vida cristiana no es un ideal inalcanzable. Y juntos nos conforta: no estamos solos, la Iglesia está hecha de innumerables hermanos, a menudo anónimos, que nos han precedido y que por la acción del Espíritu Santo están vinculados con los acontecimientos de quien vive aquí abajo.

Polvo que desea el cielo

Y ¿qué somos nosotros? Somos polvo que desea el cielo. Débiles nuestras fuerzas, pero potente el misterio de la gracia que está presente en la vida de los cristianos. Somos fieles a esta tierra, que Jesús ha amado en cada instante de su vida, pero sabemos y queremos esperar en la transfiguración del mundo, en su cumplimiento definitivo donde finalmente no habrá más lágrimas, maldad y sufrimiento. Que el Señor nos done a todos nosotros *la esperanza de ser santos*. Pero alguno de vosotros podrá preguntarme: «Padre, ¿se puede ser santo en la vida de todos los días?». Sí, se puede. «Pero ¿esto significa que debemos rezar todo el día?». No, significa que debes cumplir tu deber todo el día: rezar, ir al trabajo, cuidar de los hijos. Pero es necesario hacer todo con el corazón abierto hacia Dios, de manera que el trabajo, también en la enfermedad, incluso en la dificultad, esté abierto a Dios. Y así nos podemos convertir en santos. Que el Señor nos dé la esperanza de ser santos. ¡No pensemos que es una cosa difícil, que es más fácil ser delincuentes que santos! No. Se puede ser santos porque nos ayuda el Señor; es Él quien nos ayuda.

Es el gran regalo que cada uno de nosotros puede ofrecer al mundo. Que el Señor nos dé la gracia de creer tan profundamente en Él como para convertirnos en imagen de Cristo para este mundo. Nuestra historia necesita «místicos»: personas que rechazan todo dominio, que aspiran a la caridad y a la fraternidad. Hombres y mujeres que viven aceptando también una porción de sufrimiento, porque se hacen cargo de la fatiga de los demás. Pero sin estos hombres y mujeres el mundo no tendría esperanza. Por esto os deseo –y también deseo para mí– que el Señor nos done la esperanza de ser santos.

La esperanza, fuerza de los mártires

Cuando, en el Evangelio, Jesús invita a los discípulos a una misión, no les ilusiona con espejismos de éxito fácil; al contrario, les advierte claramente que el anuncio del Reino de Dios conlleva siempre una oposición. Y usa también una expresión extrema: «Seréis odiados –odiados– de todos por causa de mi nombre» (Mt 10,22). Los cristianos aman, pero no siempre son amados. Desde el principio Jesús les pone frente a esta realidad: de manera más o menos fuerte, la confesión de la fe acaece en un clima de hostilidad.

Los cristianos por ello son hombres y mujeres «contracorriente». Es normal: ya que el mundo está marcado por el pecado, que se manifiesta en varias formas de egoísmo y de injusticia, quien sigue a Cristo camina en dirección contraria. No por espíritu polémico, sino por fidelidad a la lógica del Reino de Dios, que es una lógica de esperanza, y se traduce en el estilo de vida basado en las indicaciones de Jesús.

Y la primera indicación es la pobreza. Cuando Jesús envía a los suyos en misión, ¡parece que pone más cuidado en «despojarles» que en «vestirles»! En efecto, un cristiano que no sea humilde y pobre, desinteresado ante las riquezas y el poder y sobre todo desinteresado de sí mismo, no se parece a Jesús. El cristiano recorre su camino en este mundo con lo esencial para el camino, pero con el corazón repleto de amor. La verdadera derrota para él o para ella es caer en la tentación de la venganza y de la violencia, respondiendo al mal con el mal. Jesús nos dice: «Yo os mando como ovejas en medio de lobos» (Mt 10,16). Entonces sin fauces, sin garras, sin armas. El cristiano, más bien, deberá ser prudente, a veces incluso astuto: estas son las virtudes aceptadas por la lógica evangélica. Pero la violencia nunca. Para vencer al mal, no se pueden compartir los métodos del mal.

La única fuerza del cristiano es el Evangelio. En los tiempos de dificultad, se debe creer que Jesús está delante de nosotros, y no cesa de acompañar a sus discípulos. La persecución no es una contradicción al Evangelio, sino que forma parte de él: si han perseguido a nuestro Maestro, ¿cómo podemos esperar que nos sea evitada la lucha? Pero en medio del torbellino, el cristiano no debe perder la esperanza, pensando en haber sido abandonado. Jesús nos tranquiliza diciendo: «Hasta los cabellos de vuestra cabeza están todos contados» (Mt 10,30). Como diciendo que ninguno de los sufrimientos del hombre, ni siquiera los más pequeños y escondidos, son invisibles ante los ojos de Dios.

El yelmo de la esperanza

Cuando Pablo les escribe, la comunidad de Te-
salónica ha sido apenas fundada, y solo pocos
años la separan de la Pascua de Cristo. Por esto,
el Apóstol trata de hacer comprender todos
los efectos y las consecuencias que este evento
único y decisivo supone para la historia y para
la vida de cada uno. En particular, la dificultad de la comunidad no era tanto reconocer
la resurrección de Jesús, sino creer en la resurrección de los muertos. En tal sentido, esta
Carta se revela más actual que nunca. Cada vez
que nos encontramos frente a nuestra muerte,
o a la de un ser querido, sentimos que nuestra
fe es probada (...).

Pablo, frente a los temores y a las perpleji-
dades de la comunidad, invita a tener firme la
cabeza como un yelmo, sobre todo en las pruebas y en los momentos más difíciles de nuestra
vida, «la esperanza de la salvación» (1Tes 5,8).
Es un yelmo. Esta es la esperanza cristiana.
Cuando se habla de esperanza, podemos ser
llevados a entenderla según la acepción común

del término, es decir en referencia a algo bonito que deseamos, pero que puede realizarse o no. Esperamos que suceda, es como un deseo. Se dice, por ejemplo: «¡Espero que mañana haga buen tiempo!», pero sabemos que al día siguiente sin embargo puede hacer malo (...).

La esperanza cristiana no es así. La esperanza cristiana es la espera de algo que ya se ha cumplido; está la puerta allí, y yo espero llegar a la puerta. ¿Qué tengo que hacer? ¡Caminar hacia la puerta! Estoy seguro de que llegaré a la puerta. Así es la esperanza cristiana: tener la certeza de que yo estoy en camino hacia algo que es, no que yo quiero que sea. Esta es la esperanza cristiana.

La esperanza cristiana es la espera de algo que ya ha sido cumplido y que realmente se realizará para cada uno de nosotros. También nuestra resurrección y la de los seres queridos difuntos, por tanto, no es algo que podrá suceder o no, sino que es una realidad cierta, en cuanto está enraizada en el evento de la resurrección de Cristo. Esperar por tanto significa aprender a vivir en la espera. Aprender a vivir en la espera y encontrar la vida.

Gente de primavera

Nosotros creemos y sabemos que la muerte y el odio no son las últimas palabras pronunciadas sobre la parábola de la existencia humana. Ser cristianos implica una nueva perspectiva: una mirada llena de esperanza. Algunos creen que la vida retenga todas sus felicidades en la juventud y en el pasado, y que el vivir sea un lento decaimiento. Otros aún retienen que nuestras alegrías sean solo episódicas y pasajeras, y en la vida de los hombres esté inscrito el sinsentido. Los que ante tantas calamidades dicen: «Pero la vida no tiene sentido. Nuestro camino es el sinsentido». Pero nosotros cristianos no creemos esto.

Creemos en cambio que en el horizonte del hombre hay un sol que ilumina para siempre. Creemos que nuestros días más bonitos deben llegar todavía. Somos gente más de primavera que de otoño. A mí me gustaría preguntar, ahora –cada uno responda en su corazón, en silencio, pero responda–: «¿Yo soy un hombre, una mujer, un chico, una chica de primavera o de otoño? ¿Mi alma está en primavera o está en otoño?». Que cada uno responda. Observemos los brotes de un nuevo mundo en vez de las hojas amarillentas de las ramas. No nos acunamos en nostalgias, remordimientos y lamentos: sabemos que Dios nos quiere herederos de una promesa e incansables cultivadores de sueños. No os olvidéis de esa pregunta: «¿Soy una persona de primavera o de otoño?». De primavera, que espera la flor, que espera el fruto, que espera el sol que es Jesús, o de otoño, que está siempre con la cara mirando hacia abajo, amargado y, como a veces he dicho, con la cara de pimientos en vinagre. El cristiano sabe que el Reino de Dios, su Señoría de amor está creciendo como un gran campo de grano, aunque en medio está la cizaña. Siempre hay problemas, están los chismorreos, están las guerras, están las enfermedades... están los problemas. Pero el grano crece, y al final el mal será eliminado. El futuro no nos pertenece, pero sabemos que Jesucristo es la gracia más grande de la vida: es el abrazo de Dios que nos espera al final, pero que ya desde ahora nos acompaña y nos consuela en el camino. Él nos conduce a la gran «tienda de Dios con los hombres» (Ap 21,3), con muchos otros hermanos y hermanas, y llevaremos a Dios el recuerdo de los días vividos aquí abajo. Y será bonito descubrir en ese instante que nada se ha perdido, ninguna sonrisa y ninguna lágrima.

Esperar contra toda esperanza

El Dios que se revela a Abraham es el Dios que salva, el Dios que hace salir de la desesperación y de la muerte, el Dios que llama a la vida. En la historia de Abraham todo se convierte en un himno al Dios que libera y regenera, todo se convierte en profecía. Y se convierte por nosotros, para nosotros que ahora reconocemos y celebramos el cumplimiento de todo esto en el misterio de la Pascua. Dios de hecho «resucitó de entre los muertos a Jesús» (Rm 4,24), para que también nosotros podamos pasar en Él de la muerte a la vida. Y realmente entonces Abraham bien puede llamarse «padre de muchos pueblos», pues resplandece como anuncio de humanidad nueva –¡nosotros!–, rescatada por Cristo del pecado y de la muerte e introducida una vez para siempre en el abrazo del amor de Dios.

En este punto, Pablo nos ayuda a focalizar la estrecha unión entre la fe y la esperanza. Él de hecho afirma que Abraham «esperando contra toda esperanza, creyó» (Rm 4,18). Nuestra esperanza no se sostiene en razonamientos, previsiones y garantías humanas; y se manifiesta allí donde no hay más esperanza, donde no hay nada más en lo que esperar, precisamente como sucede para Abraham, frente a su muerte inminente y a la esterilidad de su mujer Sara. Se acerca el final para ellos, no podía tener hijos, y en esa situación, Abraham creyó y tuvo esperanza contra toda esperanza. ¡Y esto es grande! La gran esperanza está enraizada en la fe, y precisamente por esto es capaz de ir más allá de toda esperanza. Sí, porque no se funda en nuestra palabra, sino sobre la Palabra de Dios. También en este sentido, entonces, estamos llamados a seguir el ejemplo de Abraham, el cual, aun frente a la evidencia de una realidad que parece destinada a la muerte, se fía de Dios, «convencido de que Él es poderoso para cumplir lo que ha prometido» (Rm 4,21).

Hacer nuevas todas las cosas

La esperanza cristiana se basa en la fe en Dios que siempre crea novedad en la vida del hombre, crea novedad en el cosmos. Nuestro Dios es el Dios que crea novedad, porque es el Dios de las sorpresas.

No es cristiano caminar con la mirada dirigida hacia abajo –como hacen los cerdos: siembre van así– sin levantar los ojos hacia el horizonte. Como si todo nuestro camino se apagase aquí en el palmo de pocos metros de viaje; como si en nuestra vida no hubiese ninguna meta y ningún desembarque, y nosotros estuviésemos obligados a un eterno vagar, sin alguna razón para nuestras muchas fatigas. Esto no es cristiano.

Las páginas finales de la Biblia nos muestran el horizonte último del camino del creyente: la Jerusalén del Cielo, la Jerusalén celestial. Es imaginada ante todo como una inmensa tienda, donde Dios acoge a todos los hombres para habitar definitivamente con ellos (Ap 21,3). Y esta es nuestra esperanza.

Y ¿qué hará Dios, cuando finalmente estemos con Él? Usará una ternura infinita con nosotros, como un padre que acoge a sus hijos que durante mucho tiempo han fatigado y sufrido. Juan, en el Apocalipsis, profetiza: «Esta es la morada de Dios con los hombres [... Él] enjugará toda lágrima de sus ojos, y no habrá ya muerte ni habrá llanto, ni gritos ni fatigas, porque el mundo viejo ha pasado [...] ¡mira que hago un mundo nuevo!» (21,3-5). ¡El Dios de la novedad!

Intentad meditar sobre este pasaje de la Sagrada Escritura no de manera abstracta, sino después de haber leído una noticia de nuestros días, después de haber visto el telediario o la portada de los periódicos, donde hay muchas tragedias, donde se encuentran noticias tristes ante las cuales todos corremos el riesgo de acostumbrarnos. Intentad pensar en los rostros de los niños aterrorizados por la guerra, en el llanto de las madres, en los sueños infringidos de muchos jóvenes, en los refugiados que afrontan viajes terribles, y son explotados tantas veces (...). La vida desgraciadamente también es esto. Algunas veces diríamos que es sobre todo esto. Puede ser.

Pero hay un Padre que llora con nosotros; hay un Padre que llora lágrimas de infinita piedad por sus hijos. Nosotros tenemos un Padre que sabe llorar, que llora con nosotros. Un Padre que nos espera para consolarnos, porque conoce nuestros sufrimientos y ha preparado para nosotros un futuro diverso. Esta es la gran visión de la esperanza cristiana, que se dilata todos los días de nuestra existencia, y nos quiere levantar.

Una luz en la noche

Jesús nos entregó una luz que brilla en las tinieblas: defiéndela, protégela. Esa luz única es la riqueza más grande confiada a tu vida.

Y sobre todo, ¡sueña! No tengas miedo de soñar. ¡Sueña! Sueña con un mundo que todavía no se ve, pero que ciertamente vendrá. La esperanza nos lleva a creer en la existencia de una creación que se extiende hasta su cumplimiento definitivo, cuando Dios será todo en todos. Los hombres capaces de imaginar han regalado a la humanidad descubrimientos científicos y tecnológicos. Han surcado los océanos, y pisado tierras que nadie había pisado nunca. Los hombres que han cultivado esperanzas son también los que han vencido la esclavitud, y han traído mejores condiciones de vida a esta tierra. Piensa en esos hombres.

Sé responsable de este mundo y de la vida de cada hombre. Piensa que toda injusticia contra un pobre es una herida abierta, y disminuye tu propia dignidad. La vida no cesa con tu existencia, y a este mundo vendrán otras generaciones que sucederán a la nuestra, y muchas más.

Y cada día pide a Dios el don del valor. Recuerda que Jesús venció al miedo por nosotros. ¡Él venció al miedo! Nuestro enemigo más traicionero no puede contra nuestra fe. Y cuando te encuentres atemorizado frente a algunas dificultades de la vida, recuerda que no vives solo para ti. En el bautismo, tu vida fue sumergida en el misterio de la Trinidad, y tú perteneces a Jesús. Y si un día te asustas o piensas que el mal es demasiado grande para desafiarlo, piensa simplemente que Jesús vive en ti. Y es Él quien, a través de ti, con su mansedumbre quiere someter a todos los enemigos del hombre: el pecado, el odio, el crimen, la violencia; todos nuestros enemigos.

Ten siempre el valor de la verdad, pero recuerda esto: no eres superior a nadie. Recuérdalo: no eres superior a nadie. Aunque fueras el último en creer en la verdad, no te apartes de la compañía de los hombres. Aunque vivieras en el silencio de un eremitorio, lleva en tu corazón el sufrimiento de cada criatura. Eres cristiano; y en la oración todo se lo restituyes a Dios.

Y cultiva ideales. Vive por algo que sobrepasa al hombre. Y si algún día uno de estos ideales te pasara una factura considerable, no dejes nunca de llevarlo en tu corazón. La fidelidad consigue todo.

Fuentes

La virtud «menor»

Mensaje para la XXXVIII Jornada Mundial de la Juventud, 26 de noviembre de 2023.

¿Mi corazón es un cajón abierto?

Audiencia general, Aula Pablo VI, 21 de diciembre 2016.

El pesebre transmite esperanza

Audiencia general, Aula Pablo VI, 21 de diciembre 2016.

Demonios del mediodía

Audiencia general, Plaza de San Pedro, 27 de septiembre 2017.

La caja de Pandora

Audiencia general, Plaza de San Pedro, 27 de septiembre 2017.

La impotencia de los ídolos

Audiencia general, Aula Pablo VI, 1 1 de enero 2017.

Los falsos videntes
Audiencia general, Aula Pablo VI,
11 de enero 2017.

Alimentar la esperanza con la oración
y las elecciones diarias
Mensaje para la XXXVIII Jornada Mundial de
la juventud, 26 de noviembre de 2023.

Madre de la esperanza
Audiencia general, Plaza de San Pedro,
10 de mayo 2017.

Ella «estaba»
Audiencia general, Plaza de San Pedro,
10 de mayo de 2017.

«Con esta poesía despierto la esperanza»
Mensaje para la XXXVIII Jornada Mundial de
la juventud, 26 de noviembre de 2023.

No rendirse a la noche
Audiencia general, Plaza de San Pedro,
20 de septiembre 2017.

El móvil y la linterna
Mensaje para la XXXVIII Jornada Mundial de
la Juventud, 26 de noviembre de 2023.

Raquel no quiere que la consuelen
Audiencia general, Aula Pablo VI,
4 de enero de 2017.

La vida es bella
Mensaje para la XXXVIII Jornada Mundial de
la Juventud, 26 de noviembre de 2023.

Los santos, testigos y compañeros de esperanza
Audiencia general, Plaza de San Pedro,
21 de junio 2017.

Polvo que desea el cielo
Audiencia general, Plaza de San Pedro,
21 de junio 2017.

La esperanza, fuerza de los mártires
Audiencia general, Plaza de San Pedro,
28 de junio 2017.

El yelmo de la esperanza
Audiencia general, Plaza de San Pedro,
1 de febrero 2017.

Gente de primavera
Audiencia general, Aula Pablo VI,
23 de agosto de 2017.

Esperar contra toda esperanza

Audiencia general, Plaza de San Pedro,
29 de marzo 2017.

Hacer nuevas todas las cosas

Audiencia general, Aula Pablo VI,
23 de agosto de 2017.

Una luz en la noche

Audiencia general, Plaza de San Pedro,
20 de septiembre 2017.

Índice

EL DESAFÍO DE CREER HOY

Ermes Ronchi - 160 páginas

En este libro se ofrecen dos reflexiones de Ermes Ronchi, sobre la belleza de la fe y la necesidad ineludible de la esperanza.

Sus palabras nos conducen hasta las fuentes de la fe y la esperanza humana y cristiana. Y las sendas por las que nos acompañan sus reflexiones están llenas de belleza, que brota de sus palabras y de las imágenes que aporta para llegar al corazón del lector.

LA ESPERANZA
NO HACE RUIDO

Chiara Bertoglio - 144 páginas

Existen muchas experiencias de vida, quizá silenciosas, que no salen en los telediarios, pero que también deben conocerse, porque hay una necesidad inmensa de recuperar y redescubrir la esperanza. Es el mensaje de este libro: una serie de testimonios de personas, en apariencia normales, pero que llevan dentro de sí algo muy especial.

PADRE NUESTRO

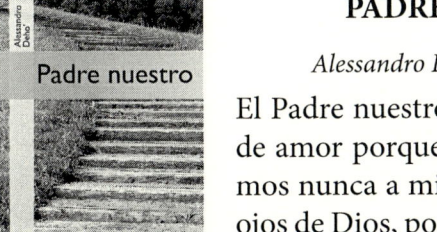

Alessandro Deho' - 112 páginas

El Padre nuestro, que nos hace llorar de amor porque no nos acostumbramos nunca a mirar el mundo con los ojos de Dios, porque no nos acostumbramos al Amor cuando es visceral, total y decisivo.